VENTAIRE
38,507

CATALOGUE SOMMAIRE

DE L'EXPOSITION

HISTORIQUE ET ARTISTIQUE

DE

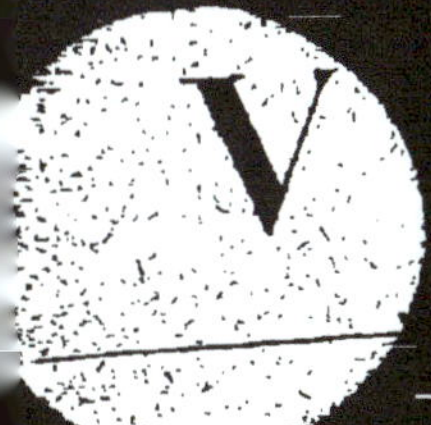

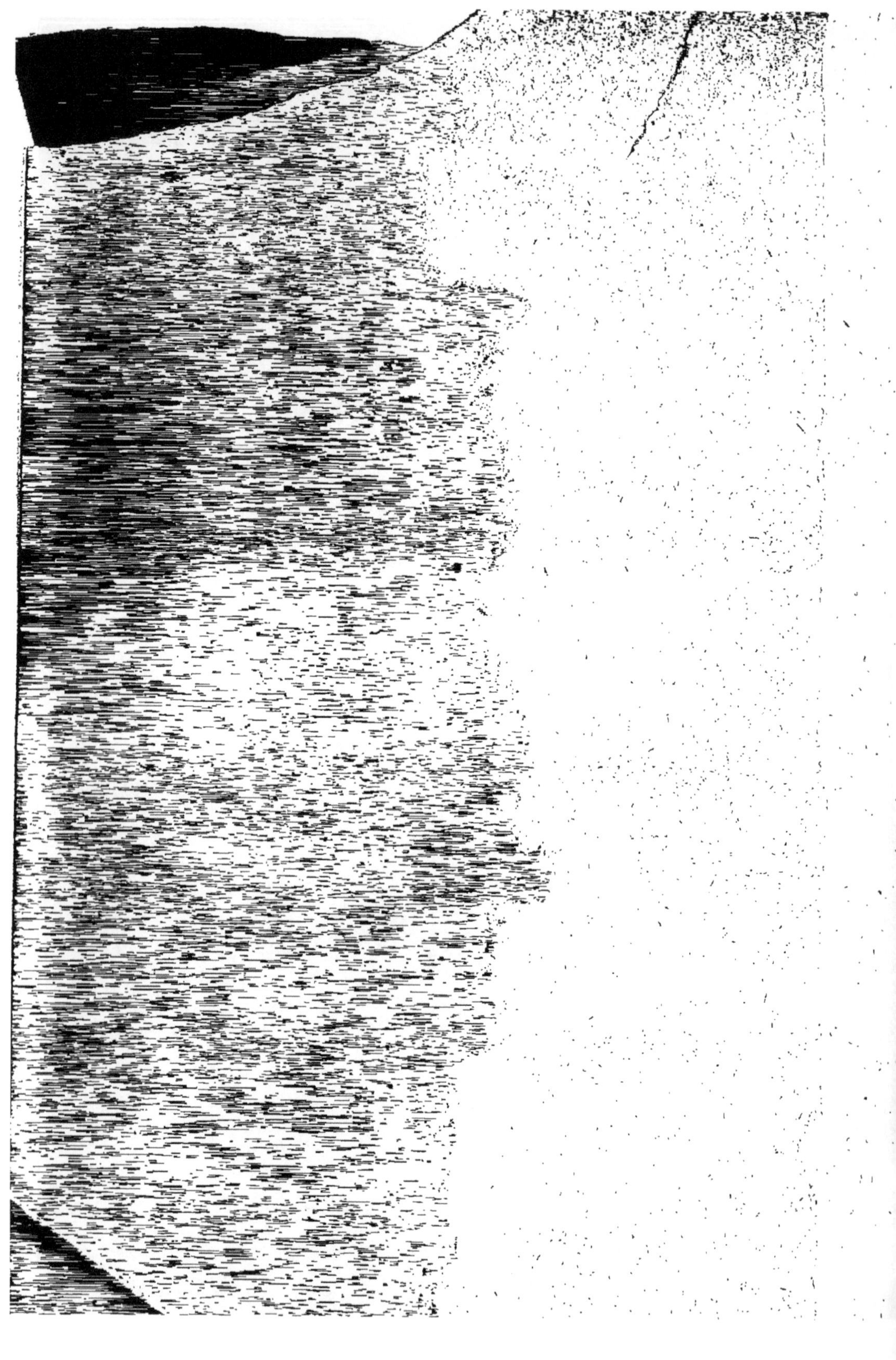

CATALOGUE SOMMAIRE

DE L'EXPOSITION

HISTORIQUE ET ARTISTIQUE

DU

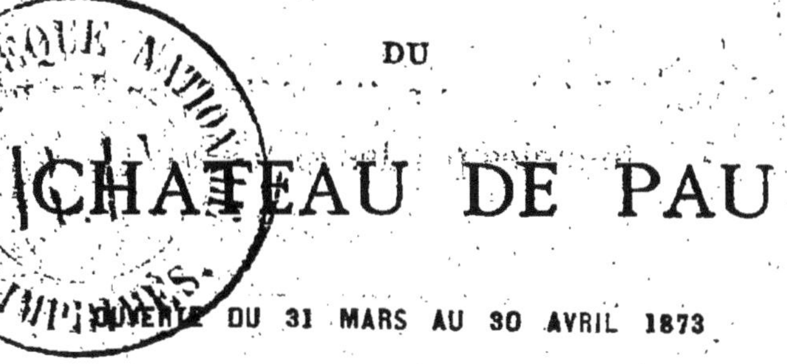

CHATEAU DE PAU

OUVERTE DU 31 MARS AU 30 AVRIL 1873

Tous les jours de 10 heures à midi et de 1 heure 1/2
à 4 heures.

DÉPÔT LÉGAL
BASSES-PYRÉNÉES
18
1873

PRIX : UN FRANC

AU CHATEAU DE PAU

1873

38507

Le présent Catalogue a été rédigé sur des notes fournies par les exposants.

Le public est prié de ne pas toucher les objets exposés.

Pau.— Imp. Veronese.

CATALOGUE SOMMAIRE.

---

1. S. A. R. L'INFANT DON SÉBASTIEN DE BOURBON.

Llanos (Don Ignacio Suarez), Une scène de la Tia Fingida (La fausse tante), nouvelle de Cervantès.

Idem, Une scène de Rinconete et Cortadillo, autre nouvelle de Cervantès.

Marti y Alsina (don Ramon), de l'école de Barcelone, Une bourrasque en mer.

Idem, Un paysage dans la Catalogne.

Grand vase en argent doré repoussé, œuvre d'un maître florentin de la fin du XVIe siècle, dont le sujet principal est: Le triomphe de

Galathée avec d'autres petits sujets, ornements, figurines, fruits, etc.

Coupe en argent doré repoussé, avec petits sujets, ornements, groupes de trois figures et trois amours en ivoire, d'un seul morceau, œuvre d'un maître italien, peut-être milanais, du XVIIe siècle, piédestal en marbre.

Un casque en fer damasquiné avec incrustations en or.

Bouclier, brassard, deux étriers, javelot, deux haches, lance, massue, épée, le tout damasquiné avec incrustations en or.

Sabre turc avec incrustations en or et ornements en argent doré.

Épée Louis XV avec incrustations en or et ornements en bas-relief.

Arquebuse italienne du XVIIe siècle avec incrustations en ivoire.

Deux grands vases japonais cloisonnés.

Deux vases et un grand brûle-parfums cloisonnés, couleur turquoise.

Coffret en ivoire de Dietterling, fin du XVIe siècle, avec sujets en bas-relief, mascarons et ornements.

Couteau de chasse en fer damasquiné, incrustations d'or avec sujets et ornements; œuvre de don Eusebio Zuloaga, ancien premier armurier de la reine d'Espagne, conservateur de la salle d'armes (Armeria) de Madrid.

Sabre en fer damasquiné et incrusté avec sujets, œuvre de don Placido Zuloaga, fils du précédent.

Deux grands caparaçons en velours cramoisi, avec les armes d'Espagne et de Portugal et des broderies en or, provenant des Infants Don Gabriel de Bourbon et Dona Mariana Victoria de Bragance, aïeuls de S. A. R.

Deux grands vases japonais en porcelaine avec pieds et ornements en bronze doré.

Tableau, tête de Fierros-Dionisio.

Idem, du même.

Idem, Intérieur d'un peintre de Ferraut.

Meuble ébène, incrustations ivoire, travail vénitien du XVIe siècle.

Petit meuble ébène, incrustations ivoire, travail vénitien du XVIe siècle.

Coffret ivoire sculpté, travail italien de la fin du XIIIe siècle.

Meuble ébéne, incrustations ivoire et pierre dure, travail vénitien du XVIIe siècle.

Parure grecque antique trouvée à Pompéi, composée de : bandeau, collier, bracelet, le tout d'argent incrusté d'or.

Débris d'un collier argent oxidé incrusté or.

Paire de boucles d'oreilles trouvées à Cumes.

Boucle d'oreille or trouvée à Magnà, Grèce.

Idem, plus petite, idem.

Idem, plus petite, idem.

Statuette bronze du XVIIe siècle.

Paire boucles d'oreilles en or.

Collier en or.

Miroir antique, monture bronze, trouvé à Pouzzoles.

Statuette romaine antique, Diane chasseresse.

Miroir étrusque, trouvé dans les environs de Nola.

Vase en argent oxydé, trouvé à Pompéï

Plat en étain (XVIe siècle).

Casque et cuirasse d'une armure faite à Grenade au XVIe siècle.

Pistolet circassien argent, incrusté or.

Paire de pistolets, incrustations ivoire, XVIIe siècle.

Paire de pistolets circassiens.

Poudrière circassienne.

Poignard idem.

Poignard indien, manche incrusté or.

2. M. Ch. d'Abbadie.

Lustre Louis XIV.

3. M. D'ANDURAIN.

Paravent peint sur toile.
Couverture brodée, don de Jeanne d'Albret.

4. Mme CLÉMENT D'ANDURAIN.

Eventail, le siège de Troie.

5. ARCHIVES DES BASSES-PYRÉNÉES.

Autographes de Henri III et Henri IV, rois de France, et de Mélanchthon.

Collection des moulages des sceaux des archives départementales (presque tous sont inédits. Les moulages ont été exécutés par M. le docteur Pépin).

Série des poids de Morlaas.

Six clefs de la ville de Morlaas.

Un bras antique en bronze trouvé à Taron.

Deux fouets de justice.

Une agrafe mérovingienne.

Sept cartons de silex, Arudy et Ste-Colome,

Sceau matrice d'Antoine de Cuyne.

Borne milliaire romaine portant l'inscription ILVRO (Oloron) MP, trouvée à Somport, vallée d'Aspe.

6. M. D'ARRENTIÈRES

Coffret avec incrustations d'ivoire.
Hache romaine bronze.
Hache celtique en pierre.

7 M. D'ARRIPE DE LANNEGAUBE.

Ganymède, statue grecque en marbre de Paros, attribuée à Cléomènes.

Les anciens avaient des types et des nuances qui caractérisaient très bien, non seulement les âges, mais les conditions : quant à leur perfection elle n'a été égalée par personne, pas même dans les copies qu'on a faites de leurs ouvrages..... Cette statue, demi-nature, est bien conservée et rappelle les formes de Gernanicus, ouvrage du statuaire Cléomènes, ainsi que la Vénus de Médicis.

Mont-de-Brégille, 20 novembre 1839.

Signé : BIAIRE,
Statuaire et graveur en médailles.

8 M. ARRIU.

Deux meubles en marqueterie.
Siége sculpté.
Petit vide-poche.

9 LE MAIRE D'ARTHEZ.

Statue de pierre. Guilhem Arnaud, baron d'Andoins, mort en 1301, inhumé dans l'église de la commanderie de Caubin.

10 LE MAIRE D'ARUDY.

Sceau de la commune d'Arudy, XVIIIe siècle.

11 COMTE ET COMTESSE D'ASTORG.

4 gravures av. la l. de Vandaelen. Têtes d'après le Titien.

Eau forte de Rembrandt. Descente de Croix.

Gravure avec la l. de Raphaël Morghen, Antonius Van-Dyck pinxit : Stephanus Tofanelli delineavit ; Raphael Morghen incisit Romœ 1793.

Gravure av. la l. de Jonas Suyderhof, Geraert ter Burch pinxit. — Jonas Suyderhof sculpsit. Congrès de Munster.

Bahut ancien d'Ulm.

Dentelles : Point de Venise ; une coupe de dentelle.

Point de Venise ; une paire de barbes.

Guipure ancienne ; 1 barbe.

Point d'Alençon ; 1 paire de barbes.
id. id. 1 jabot.
id. id. 1 paire de manchettes.
id. id. 1 coupe.
id. id. 1 coupe.
id. id. 1 coupe.

12 Mlle AUGIER DE LA SAUSAYE.

Grand bahut sculpté, XVIIe siècle.
Bahut, XVIe siècle.
Meuble en ébène, indien.
Dix assiettes porcelaine, vieux japon.
Médaillon, marbre.
Candélabre, cuivre.
Mouchettes sur leur plateau, cuivre.

13 COMTESSE DE BARBOTAN.

Le Christ (tableau).

14 COMTE DE BARRAUTE.

Quatre sabres.
Épée à deux mains.
Fusil.
Épée.
Cabinet sur une table.

15 VICOMTE DE BARRAUTE.

Plat en argent repoussé.

16 M. BARTHETY.

2 bagues gauloises en or, poterie gauloise, trouvées à Garlin.

17 M. BAUDUIN.

Fusil arabe (Tribu des Chellata, grande Kabylie) garnitures d'argent et corail.

Cartouchière (Tribu des Ledjenah, grande Kabylie).

Sabre turc (de grand chef arabe) garnitures argent et velours rouge.

Flissa de cavalerie (Kabylie).

Flissa d'infanterie id.

Lame d'épée de Touaregg (Tribus du Sahara).

Bonnet Kabyle, tissé par des hommes (Tribu des M'Zaïaa).

Saladier marocain (Tanger).

Pétrification du désert (Sables du Sahara).

Coffret turc en nacre.

Boukal (gargoulette de la grande Kabylie, Tribu des Beni Maatka).

Autre Boukal idem.

Autre Boukal (Tribu des Ouled Ali, petite Kabylie).

Idem idem.

Surtout de Moustiers.

Plat long (origine inconnue).

Soupière ancienne (Gallo).

18 BIBLIOTHÈQUE DU CHATEAU DE PAU.

Psaumes de David trad. par Ph. Desportes Paris 1598, a appartenu à Henri IV.

Catalogue des livres de M. de Selle, reliure aux armes.

Erasme. Eloge de la Folie, trad. Guendeville 1751.

Office de la Semaine Sainte XVIIIe siècle.

Les Marguerites de la Marguerite. Lyon, Jean de Tournes, 1547.

Lucrèce, De Natura Rerum, Londres, Tonson, 1712.

19 M. BOEY.

Assiette à dessert, vieille faïence (Chartreuse Bordeaux).

Quatre plats longs id. id.

Plat carré id. id.

Deux vases avec leurs couvercles, vieille faïence.

20 M. de Bordenave d'Abère.

Plat en faïence de Rouen.

21 Comte de Bouillé.

Portrait de Mme de Guérusseau.

St-Joseph.

Plastron de cuirasse, fin du XVIIe siècle.

Fragment d'un haubergeon de mailles de fer avec garniture en mailles de cuivre, trouvé dans les fossés du château de Château Larcher (Vienne)

Deux hâches en silex poli (Auvergne).

Moitié de hache en ophite avec trou pour le manche (Auvergne).

Armes et ornements mérovingiens trouvés dans un tombeau à Goué, commune de Mande (Charente).

Cinq pointes de flèches et carreau, trouvés dans les fossés du château de Villars (Nièvre), pris en 1360 par les Anglais. Ces armes sont anglaises.

Fusil à pierre de Boutet, artiste directeur de la manufacture de Versailles.

Idole égyptienne.

Trois boutons chinois.

Silex de Biarritz.

Sacre de Louis XV, un volume grand in-folio.
Vieille clef.
2 Assiettes vieux Saxe.
Ste-Thérèse (Ivoire).
Ste-Vierge id.
Ecce homo id.
Ste-Geneviève id.
Petite vierge id.
Tabatière en jade.
Bijou, armes de France entourées de pierres précieuses.
Batterie d'arbalète.
4 Tableaux, mythologie, attribués à Joseph Jordaens.
7 Autres plus petits, costumes.
Paire de chenêts en cuivre.
Ecran en tapisserie.
Paire de candélabres avec fleurs et oiseaux (porcelaine).

22 COMTESSE DE BOUILLÉ.

Morceau d'étoffe d'argent.
Eventail Louis XV.
Deux morceaux de dentelle, commencement du XVIIIe siècle.
Soupière vieux Saxe avec sa soucoupe et couvercle.

Gaîne de ciseaux en argent.

Coupe chinoise en ivoire.

Canard, vieux Saxe.

Deux Coqs, vieux Chine.

Feuille de choux, vieux Saxe.

Grande potiche, vieux Japon avec couvercle.

Grand plat bleu, vieux Chine.

Deux assiettes dessins verts, vieux Japon.

Deux assiettes peintes et dorées, vieux Japon.

Deux assiettes bleues et rouges, vieux Chine.

Verre cristal taillé.

Verre cristal taillé avec armes.

Flacon cristal taillé avec armes.

Quatre assiettes peintes et dorées, vieux Japon.

Assiette à jour, vieux Saxe.

Deux tasses avec soucoupes brunes et bouquets de fleurs, vieux Japon.

Petite tasse Sèvres avec sa soucoupe.

Pot au lait, vieux Japon.

Vase, vieux Chine, avec monture bronze doré.

Brûle parfum, vieux Chine, avec monture, en bronze doré.

Deux chenets bronze doré, Louis XIV.

Deux flambeaux bronze doré.

Tabatière en jade avec couvercle et cuiller.

Etui chinois en argent pour garantir les ongles.

Deux écrans broderies, armoiries.

Collection paléontologique.

(Les étiquettes blanches indiquent les fossiles étrangers au département; celles bordées de vert les espèces nouvelles étrangères au département ; celles bordées d'orange les fossiles des Basses-Pyrénées ; celles bordées orange et vert les espèces nouvelles du département.)

23 M. le Baron Bourgeois.

Boîte de jeu en laque Chine.

24 M. du Breuille.

Le Titien, l'Arioste.
Largillière, Mme de Pompadour, 1712.
Id. Le Régent.
Jordaens, Gargantua.
Griff, Animaux.
Oudry, Triomphe de Cérès.
Vandenschilden, Intérieur.
Vetscher, Animaux.
Panneau, bois sculpté.
Fauteuil sculpté.
Médaillon.

25 Mlle Casebonne.

2 Assiettes, l'une Rouen, l'autre Limoges.
2 Portes du tabernacle de l'église Saint-Maclou à Rouen.

26 M. DE CASTARÈDE.

Tête de Niobé, marbre.

Tête de jeune fille, marbre.

Tête de Mercure, marbre.

Daphnis et Chloé, groupe en marbre.

Flagellation de N.-S., tableau sur cuivre par Frank.

Tête d'inconnu, XVIe siècle.

27 M. CASTÉRAN, curé de Précilhon.

Tapisserie à personnages.

Wouvermans (Pierre), Le sac d'un village.

28 Mme DE CASTRO.

Vase étrusque.

29 MM. CERF FRÈRES.

Châsse byzantine XIVe siècle.

Coffret de mariage XVIe siècle aux armes des Médicis.

Coffret écaille, orné de cuivre, XVIe siècle.

Vidercome argent, Louis XIV.

Ecuelle avec son plateau argent, Louis XIV.

Pendule Louis XVI, le Christ à la colonne.

Les douze Césars, bronze doré.

Couteau de chasse, fer damasquiné argent.

Calice, Louis XIII.

Ciboire, Louis XIII.

Email de couleur par Noallier.

Portrait de Louis XI sur bois.

Portrait de Louise de Lorraine, femme de Henri III.

Émail de Limoges, Neptune prenant possession de la terre, de François Limousin, 1633.

Portrait de Marie Stuart sur vélin.

Miroir en ivoire du XIVe siècle.

Gaîne de couteau.

30 COLONEL CHAMBRY.

2 vases Chine.

Console.

Vase du Japon.

Aiguière et son plateau, argent.

31. M. CLÉMENT-SIMON.

Petit lion en bronze doré, Ouvrage romain, trouvé aux arènes de Tintignac (Corrèze).

Agrafe romaine en bronze ciselé.

Bague romaine en bronze avec fragment de doigt.

Petite momie égyptienne.

Bouteille en verre filé de Venise.

Plat, poissons, par Avisseau, de Tours (Imitation de Bernard de Palissy.)

Chandelier en verre trouvé dans les ruines de l'incendie de Limoges (Août 1867).

Ecole de Léonard de Vinci, Portrait de femme.

Porbus le jeune, Philippe III d'Espagne à l'âge de 19 ans (1597).

Maître inconnu, Ecole française du XVIe siècle, Marguerite d'Autriche, femme de Philippe III.

Figurine en argent supportant une coupe en agathe.

Femme couchée, bas-relief ancien.

Flagellation de N.-S., bas-relief albâtre XIIIe siècle.

Inscription gothique, marbre blanc, XIIIe siècle.

Divinité gallo-romaine, Mithra, trouvée à à St-Claz (Gers), en 1868.

Email cloisonné byzantin.

Cachet émail cloisonné, travail du XVIe siècle.

Fragment de vitrail, provenant de la cathédrale d'Auch, (Arnaud de Moles).

Broche émail, Louis XVI.

Salière faïence de Rouen aux armes.

2 Assiettes faïence Moustier polychrôme.

Pièce, point de Venise.

Montre or et émail.

2 petites tasses porcelaine, Chine.

Pot à thé, id. id.

32 M. LE BARON DE COLOMBY.

Réchaud en argent.

Bourse de quêteuse brodée d'or.

6 Petites salières, argent.

2 Médailles consulaires trouvées à Pœstum.

Charte de saint Louis donnant à Raoul de Tilly la terre de Baron en Normandie.

33 Mme LA BARONNE DE COLOMBY.

Eventail.

Parure or et aigues marines.

Salière argent, Louis XVI.

34 M. CONTE-GRANDCHAMPS.

Boîte et deux plateaux.

Reproduction du camée, apothéose d'Auguste.

35 Mme LA COMTESSE DE COURCY.

Châtelaine pierres, taillées antique.
Bracelet, or.
2 Bijoux de cou, anciens.
Id. marcassite.
Saint-Esprit, bijou normand, ancien
Paire boucles d'oreilles, ancien.
Bague ancienne.
2 Paires boucles d'oreilles en cuivre, travail espagnol.
Médaille d'argent.
Statuette N.-D. del Pilar.
Cassolette ancienne, lapis.
2 Boutons, argent.
Étui indien, or.

36 M. D.....

Boîte contenant une paire de pistolets italiens et un poignard.
Coffret de mariage en os, travail italien.
Coffret orné d'émaux.
Coupe en verre gravé (Allemagne).
Couvert, XVIe siècle.
Médaille italienne, 1461, L'Arétin.
Tabatière porcelaine, Chantilly.
Id. ivoire sculptée.

37 M. Albert Darralde.

Meuble japon.

Portrait de Henri IV en 1592, Porbus le jeune.

Bahut monté sur une table.

Coffre ébène incrusté d'ivoire.

Coupe antique.

Faïence italienne.

Statue, terre cuite.

Plat, faïence Rouen.

Cruche à deux vases, orientale.

38 Mme Albert Darralde.

Éventail.

39 Mlle Dassier.

Jouet Louis XV, dans une boîte en bois.

Almanach Louis XV, 1754, id.

40 M. A. Detroyat.

Silex taillés et ossements de l'abri sous-roche de Saint-Pierre-d'Irube, âge du renne, mai 1866:

Mâchoire de renne.

Fragments d'andouiller.

Id. de bois de renne travaillé.

Mâchoire indéterminée.

Nuclei.

Couteaux

Grattoirs.

Silex taillés et poterie de la tourbière de Mouligna, pierre polie, janvier 1872 :

Nucléus.

Percuteur.

Éclats divers.

Fragments de poterie.

Cailloux ayant passé au feu.

Échantillons de la flore de la tourbière.

41 Mlle DEVÉRIA.

Armoire en marqueterie.

42 Mme DOLZ.

Corot, Paysage.

Kiorboé, Scène d'inondation.

Granach (Lucas), Christ en Croix.

Téniers, Paysage.

Deux tableaux d'Overmann.

Pendule à musique.

43 Le général DUFOURCQ-D'ANTIST.

Trois armures complètes, deux allemandes et une française.

44 M. DURAND.

Glace, Louis XV.
Console, id.
Coffret en bois sculpté, Louis XVI.
Madeleine attribuée à Guido Reni.
Largillière.
Deux miniatures sur vélin.

45 M. D'ESTANDAU.

Etui garni d'or et orné du portrait de M. de Bordenave, procureur général au Parlement de Navarre.
Deux tasses, Chine.
Cafetière en vermeil.
Deux cuillers, id.
Sucrier, Chine.
Chocolatière.

46 Mme D'ETIGNY.

Eventail.
Chapelet en or espagnol.

47 Mme FOURCADE.

Eventail symbolique, filigrane, Adieux de Louis XVI.

48 Mme FRY.

Plat porçelaine, Louis XV, ayant appartenu à Mme Du Barry.

49 M. FRANCIS GÉRARD.

Casque persan.
Rondache persane.
Amorçoir persan.
Custode, émail XIIIe siècle.
Série de poids, XVIIIe siècle.
Médaille d'or, Faustine.
Pierrier, arme de guerre, XVe siècle.
Alcarazas égyptien, trouvé dans les fouilles du canal de Suez.
Épée d'arçon, XVIe siècle.
Épée italienne, Renaissance.
Épée espagnole du temps de Charles-Quint.
Claymore.
Rapière, Louis XIII.
Dague suisse.
Dirck.

Paire de pistolets écossais.
Brassard persan.
Pistolet Louis XV.
Morion Henri III.
Langue de bœuf.
Cimeterre turc.
Arquebuse de chasse, Louis XIV.
Amorçoir, XVIe siècle.
Kandgiar indien.
Dague italienne, XVIe siècle.
Main gauche, XVIe siècle.
Couteau italien, XVIe siècle.
Hache d'armes orientale.
Pistolet italien, XVIe siècle.
Paire de pistolets à rouet, Louis XIII.
Cartouchière, Louis XIII.
Clef d'arquebuse.
Encensoir Louis XIV.
Plat étamé de Briot.
Deux petits plats, faïence hispano-arabe.
Faïences de Rouen, Nevers, Moustier.
Émaux de Limoges.
Bracelets turcs et indiens.
Bijoux russes et espagnols.
Coffret à bijoux.
Coffret de mariage israélite.
Drageoir fer damasquiné argent, époque Louis XIII.

Poignard turc.
Plateau persan, fer damasquiné.
Garniture de boutons Louis XVI.
Petit groupe d'ivoire.
Bronze du XVIIIe siècle, plaque de meuble.
Flambeau de fer, Louis XIII.
3 plats de cuivre.
3 vases faïence.
Meuble incrustations ivoire.
Meuble écaille.
Meuble ébène sculpté, Renaissance.
Petit escabeau de foyer.
2 petits coffrets en cuir.

50 M. DE GROUSSOU.

Console en chêne sculpté.

51 Mme GUIBERT.

Coypel, un pastel, portrait.
Rosalba, portrait, pastel.

52 M. GUILLEMIN, DE GAN.

Garniture en faïence, composée de cinq pièces.
Statuette de la Vierge en ivoire.

Statuette de Ste-Elisabeth de Hongrie en ivoire, dans des niches copiées à la Ste Chapelle.

Croix orientale avec incrustations de nacre.

Buste en bronze doré, Henri IV.

Portrait de Henri IV, de Porbus.

Sabre oriental, lame de Damas.

Hache de combat, indienne.

Boîte ivoire, avec garniture de cuivre, ancienne.

Tryptique ancien en émail, représentant la vie de St-Jean-Baptiste.

Tryptique en ivoire.

3 bouts de pipe en ambre, corail, cornaline et jaspe, ornés de pierres précieuses.

Boîte en vernis Martin, cerclée d'or, ayant appartenu à la reine Marie Antoinette.

Drageoir en or.

Etui en vernis Martin.

Croix russe en argent.

Nécessaire de dame, Louis XV, garni d'or.

Etui en chagrin vert, Louis XV, garni d'or.

Reliquaire espagnol, argent doré.

Saintes femmes au pied de la croix, ivoire ancien.

Drageoir en or, forme pistolet, émaillé et orné de pierres.

53. Mme LA COMTESSE D'HEURSEL.

Matrice du sceau de Marguerite, fille du comte de Flandres.

Boîte d'argent doré.

2 petites boîtes d'argent.

Boîte à dé sur un trépied.

Sucrier d'argent.

Melon d'argent.

Vases avec couvercle (or et argent).

Petite boîte d'émail.

Montre en or et émail.

Scarabée égyptien.

2 Vases porcelaine craquelée.

Eventail.

54 COMTESSE KARNIÇKI.

Canapé Louis XV.

55 Mme VEUVE LABORDETTE.

2 Plats longs, faïence.

Plat rond, id.

56 M. LACAZE.

Groupe d'albâtre,

Vase péruvien.

57 M. LACRAMPE.

Soupière avec son couvercle et son plateau, Chine.

Neuf plats, Chine.

Douze assiettes, Chine.

Douze assiettes, Sèvres.

Petit plat, Sèvres.

Corbeille en faïence.

Porte-huiliers en argent, Louis XVI.

Paire de candélabres en bronze doré, Louis XV.

58 M. LAFON.

Vierge, attribuée à Cranach.

Tête de St-Jean-Baptiste.

Quatre tableaux attribués au Guide.

59 M. DE LAGRÈZE.

Médailles d'argent de la dynastie béarnaise de Suède, don du roi Oscar Ier.

Médailles celtibériennes et romaines trouvées dans les Pyrénées.

Médailles béarnaises. Parmi les pièces inédites : 2 florins d'or de Gaston-Phébus, une pièce d'or de Henri II, un Jean de Grailly, une pièce d'argent grand module de Catherine de Navarre et de son mari.

Médailles diverses et poids d'Orthez.

Camées et pierres gravées antiques.

Pierre gravée du temps de la Renaissance.

Oiseau s'échappant d'une cage avec la légende: *J'aimi la liberty.*

Une flèche ancienne trouvée dans un rocher à Lourdes, (la seule flèche conservée avec son bois.)

Statuettes de Mars et de Diane en bronze trouvées dans les Pyrénées.

Bague antique avec le T.

2 verres en cristal dont Bernadotte se servait dans ses campagnes.

Poinçons des armoiries de la ville de Pau.

Fer de Suède tordu à froid.

Bertrand Barrère, ms. aut. in-f°.

Chev. de Béla, commentaire aut. de la coutume de Soule.

Mémoires de Lebret, ms. avec lettre aut. de Palassou.

Oïhénart, Notitica utriusque Vasconiœ, avec envoi aut.

L'histoire de Louis XI, par Mathieu, avec les armes et la signature aut. de d'Albret.

Livres de la bibliothèque d'Henri IV, avec les mots *Bibliotheca regia Castri Pali.*

Questions de Bretonnier, avec les mots *Ex libris Johannis Bernadotte, palensis, minor natu* 1780.

Fors de Béarn, seul exemplaire connu en vélin et aux armes de Henri II.

Les conférences de Béarn (très rare), le volume du P. Daniel, capucin, et le volume du ministre Charles.

Auger Gaillard.

Portrait de Lamartine.

Vieux vase de porphyre de Suède.

Coffret persan acheté dans un bazar de Constantinople.

Joséphine, reine-mère de Suède.

Buste de Bernadotte.

Saint-Éloi, groupe en bois du XVe siècle provenant de l'ancienne église de Vignec (Hautes-Pyrénées).

Nageoire d'un poisson.

Deux vases en biscuit, de Suède.

Table double de vieux laque.

Pendule en vernis Martin.

Grand plat de vieux Japon.

60 M. Laignel.

Buste de Napoléon Ier, en marbre.

Médaille commémorative, en argent, de l'an XIII (Napoléon Ier élevé sur le pavois).

Médaille commémorative, en bronze, 1783, Canal de Bourgogne.

61 M. Lamotte-d'Incamps.

Pendule chinoise sur un meuble de laque.

Deux meubles rouges chinois.

Portrait de Jéliotte, tenue du matin.

Portrait au pastel de Mme de Mauco.

Portrait de Jéliotte, rôle d'Orphée de Gluck.

Glace, Louis XIII.

Pendule Louis XIV avec une Renommée.

Cartel Louis XVI de Colian.

Couteau Birman du XIVe siècle.

Quatre salières en argent, style Louis XVI.

Tabatière en émail, cadeau de Louis XV à Jéliotte.

Tabatière avec miniature de Jéliotte.

Tabatière noire avec portrait de Jéliotte.

Montre à châtelaine, émail et perles fines, Louis XVI.

Trois éventails Louis XIV.

Assiette, Saxe.

Assiette, Japon.

Plat, Japon.

Tasse et soucoupe, Chine.

Tasse et soucoupe, Sèvres, Charles X.

Cuvette faïence, vieux Marseille.

Deux sucriers, vieux Sèvres, avec] plateau à bouquets.

Quatre assiettes ovales, id.

Deux grands vases, Chine.

Ecuelle de Saxe, soucoupe, tasse, couvercle.

Tasse de Sèvres à ruban vert, tasse, soucoupe.

Tasse et soucoupe, Sèvres pâte tendre, médaillon de roses.

Moutardier, Sèvres.

Tête à tête, Sèvres, souvenir de Louis XV à Jéliotte.

Tasse de Sèvres, soucoupe, pâte tendre bleue.

Tasse de Saxe.

Bracelet et boucles d'oreilles Louis XVI.

Deux chaises chinoises.

Treize plats diverses grandeurs, Japon.

Quatre assiettes à dentelure du Japon.

Quatre assiettes, Saxe, à bouquets assortis.

Deux plats ovales, Sèvres.

Quatre chandeliers argent.

Chandeliers cuivre.

Chandeliers appliqués.

Amphore, Bohême.

Tasse, Chine.
Montre Louis XVI.

62 M. LASSALLE.

Pendule avec socle, époque Louis XV.

Deux plaques de cheminée, l'une du règne de Louis XIII, l'autre de Louis XV.

63 BARON DE LAUSSAT.

Les Gestes des Tholosains, par N. Bertrandi, Lyon, 1517.

Horace, Sedan, Jean Janon, 1627.

Cicéron, De l'amitié, Barbou, 1771.

Fables de La Fontaine, La Haye, Buderen, 1700.

Contes de La Fontaine, Cologne, Gaillard, 1685, figures de R. de Hooge.

Quinte-Curce, Elzévir, 1660.

Contes de la reine de Navarre, 1698, Paris.

Contes de la reine de Navarre, 1698, Amsterdam.

Contes de la reine de Navarre, 1708.
(Ext. de la bibl. du duc de Valentinois.)

Marca, Histoire de Béarn, 1640, grand papier.

Marca, Marca Hispanica, 1688, grand papier.

Plutarque, Michel de Vascosan, 1574.
Charron, de La Sagesse, Elzévir, 1646.
Cinq émaux de Limoges, grisailles.
Sept statuettes égyptiennes.
Tête de Jupiter, marbre.
Henri IV en Hercule.
Sully en Jupiter.
Deux vases, vieux Chine.
Deux verres de Venise, rose et blanc.
Deux tasses Sèvres, avec sa soucoupe.
Un médaillon argent repoussé.
Un petit tableau sur cuivre.
Deux pots de faïence espagnole.
Trois plats de faïence.
Plat ovale en faïence.
Id. polygonal.
Cache-pot, faïence.
Petite jardinière en faïence.
Six assiettes bleues en faïence.
Deux vases à anses, id.
Deux assiettes (Chine.)
Pendule ornée de cuivre doré.

64 M. Lauwick.

Etoffe brodée XVIe siècle.
Autographe de Henri IV.
Portrait du duc de Bouillon.
Ventaux réunis d'un tableau XVe siècle.
Cafetière en argent, Louis XIV.
Bracelet antique trouvé à Laghouat (Algérie.)

65 M. LEGRAND.

2 Coupes, vieux Japon.
Plat bronze mêlé d'argent.
Cabinet en ébène sculpté.
Boîte, laque.
Corbeille, écaille, incrustée d'or.

66 Mme LEJEUNE.

Mignard, Mme de Maintenon.

67 M. CHARLES LEQUIEN DE LA NEUVILLE.

Teniers (David), paysage.
Van Dick, peint par lui-même.
Porbus (François), Elisabeth, reine d'Angleterre.
Porbus (François), le comte d'Essex.
Dessin à la plume, travail napolitain.
Christ en ivoire.

68 VICOMTESSE DE L'ESPINAY.

Éventail ivoire, Chinois.
13 Pièces de mariage en or dans une boîte de vermeil.

69 M. LÉVY.

Petite boîte porcelaine, garniture cuivre.
Vierge en bois sculpté.
6 Assiettes, faïence.
Guipure.

70 M. LISSONDE.

Paire de pistolets.
Épée cochinchinoise.

71 M. MARCOTTE DE QUIVIÈRE.

Deux portraits en ivoire.
Console en bronze doré.

72 Mlle MARTIN.

2 Chandeliers en bronze.

73 M. MELLO DE CADAVAL.

Croix cristal de roche, monture vermeil.
Bracelet corail, travail africain.

74 Mme MENDEZ.

Jupon soie brochée.

75 M. MILBANK.

Chimère, cristal de roche, monture argent émaillé.

Coupe cristal de roche, monture argent frise émaillé à personnages.

Plateau et sa burette cristal de roche monture argent émaillé.

Gobelet sur plateau argent niellé, vieux russe.

Email rehaussé d'or sous paillon, de Pénicaud le Vieux.

Autre grande plaque de Limoges attribuée à Léonard Limousin.

2 émaux peints en grisaille d'Isaac Laudin.

id. de Limoges (Laudin).

id. Ste-Madeleine, Noallier.

10 id. Camaïeux.

id. St-Louis, de Limoges.

id. St-Jean de id. cadre Louis XIII.

id. Baptême du Christ.

id. Le Christ et les deux larrons.

id. Portrait de Lekain, par Weler.

Cadre contenant trois ivoires, Louis XIV.

4 petits bronzes de Michel dans leur cadre d'argent.

Bracelet or indien.

2 Miniatures à l'huile (duc et duchesse de Parme).

Miniature (homme) époque de Louis XIV.
id. Mlle Victoire de France.
id. Epoque Louis XVI.
id. Grisaille par Sauvage.
id. Epoque de Henri II.
id. Sur vélin, scène d'intérieur.
id. Représentant un enfant de chœur.
id. id. les trois Grâces.
id. Sur vélin, cadre argent.
id. Signée Haal.
id. Fleurs et fruits Van Spaendonk.
id. Mme de Thianges.
id. Femme en costume d'Arlequin.
id. de Boucher.
Cabinet en fer damasquiné d'or du XVIe siècle.
Plaque en mosaïque à trois personnages.

76 Mme LA BARONNE DE MOLAY.

Collier émaillé.
Morceau de dentelle.
Petit tableau.
Eventail.

77 COMTE DE MONTEBELLO.

Marine de Van-den-Velde.
Deux petits tableaux de Watteau.

Portrait de l'Impératrice Marie-Louise sur porcelaine, par Mme Jacotot.

Buste en marbre de Napoléon 1er.

Deux grands vases en porcelaine du Japon à médaillons (très rares).

Deux grands vases du Japon en Céladon fleuri.

Deux grands vases en bronze du Japon.

Petit vase de Chine, émaillé.

Plateau avec sucrier et cinq tasses en cuivre émaillé.

Théïère chinoise.

Théïère et un bol, porcelaine de Saxe.

Reproduction de la coupe de Benvenuto Cellini qui fait partie des collections du Louvre.

Petit cabinet chinois en laque.

Déjeuner porcelaine de Sèvres avec vues d'Egypte peintes par Robert (Cadeau de Napoléon 1er à la duchesse de Montebello.)

Deux candélabres porcelaine, vieux Sèvres, pâte tendre.

Bahut espagnol du temps de Charles-Quint.

Assortiment de bijoux anciens composé d'un collier et une plaque en émeraudes, 2 boucles d'oreilles en émeraudes, 1 épingle et 2 broches.

78. M. L'ABBÉ MOULINÉ.

Poids d'Orthez, bronze, livre datée de 1515.

Hache de pierre.

Monnaies ibériennes et béarnaises.

Chimère, bronze chinois.

Petit bloc d'argent mêlé d'or, trouvé à Escot pesant 18 grammes.

Boucle de bronze.

Deux fibules de bronze dont l'une à tête d'oiseau.

Bague de bronze.

Fourchette à manche d'ivoire XVIIe siècle.

Chandelier en terre cuite.

Hache de bronze à oreille.

Fer de javelot.

Fer de flèche.

Griffe de bronze, trouvé à Escot.

Fusil arabe monté en argent gravé garni de coraux.

Deux plats faïence, l'un italien, l'autre de Rouen.

Assiette.

Hache de bronze.

Bagues et agrafes antiques.

Lot de lances.

Reliquaire d'argent, St-Jérôme.

Étui avec une paire de ciseaux.

Instrument de mesurage en cuivre.

Epingle en ivoire.

79. Mme Mourot.

Canapé, deux fauteuils, tapisserie des Gobelins, XVIIIe siècle.

80. Marquis de Nadaillac.

Bacon, Histoire de Henri VII, roi d'Angleterre, Elzevir, 1662, rel. de Closs.

Ovide, épitres, Paris, Jehan Ruelle, 1546, rel. Chambolle-Duru.

Lucain, Alde 1502, rel. Chambolle-Duru.

Juvenal et Perse, Alde 1501. rel. Capé.

Anacréon, Bodoni, Parme, 1791, rel. Bozérian.

La Rochefoucauld (premier texte) Jouaust, 1869, rel. Petit-Simier.

Histoire de Primaléon, Paris, Vincent Sertenas, 1550.

Glace montée en argent.

Œuf émaillé, travail allemand.

Trois haches de pierre.

Deux flambeaux, argent

Sucrier pyramide, argent et son couvercle.

Six petits pots à crème.

Deux encriers, argent.

Gobelet, argent.

Deux sucriers, argent.

Bouilloir.

Boîte à thé, argent.
Corbeille à jour, argent.
Boîte en argent ciselé.
Boîte argent, ornée de 11 médaillons.
Petit panier, argent.
Deux boîtes, argent.
Petite boîte argent.
Glace, monture argent,
Poisson, argent.
Deux cachets, argent.
Médaille entourée d'argent.
Cuiller, vermeil.
Flacon, cristal bleu, monture argent.
Idem, cristal, monture en or.
Petite boîte en cristal.
Idem, en porcelaine, ornée de 6 médaillons.
Coupe en porcelaine, Saxe ancien.
Tasse et sa soucoupe, porcelaine Sévres ancien.
Vase, faïence de Nevers ancien.
Coupe en argent.
Vase,coco, monture argent (Mexique).
Etui.
Plateau, argent.
Coupe, porcelaine Saxe.
Cachepots bleus, porcelaine Sèvres.
Plateau porcelaine Sèvres à fleurs.
Petite boîte porcelaine.

81. Mme LA MARQUISE DE NADAILLAC.

Eventail.
Coupe montée en bronze doré.
Tasse et sa soucoupe (Sèvres).
Boîte porcelaine.
Petit soulier porcelaine.
Tabatière améthyste.
Plateau laque.
Boite à compartiments en laque.

82. Mme LA COMTESSE DE NADAILLAC.

Vieux Sèvres (pâte tendre) :

Tasse et sa soucoupe, fond blanc, 1720, fleurs peintes par Buteux.

Tasse et sa soucoupe, arabesques, fleurs et paysages peints par Grémont, 1772.

Tasse et sa soucoupe, fond vert avec médaillons, oiseaux et fleurs peints par Alonde, 1758.

Pot à pâte avec couvercle, idem.

Émaux cloisonnés.

Reliquaire byzantin.

Petits vases avec socles en bois (chinois).

Petite tasse ancienne, idem.

Petit vase sur trois pieds anciens.

Très curieux et très ancien vase de bronze chinois (pièce fort rare).

Drageoir en argent doré en forme d'huître travail très fin du XVIe siècle, donné par Prosper Mérimée à la comtesse de Nadaillac. M. Mérimée le tenait de M. Du Sommerard, qui le disait avoir appartenu au duc de Guise *dit le Balafré*. Ce serait le drageoir dont il est question dans le *Journal de L'étoile*, avec lequel le duc aurait frappé l'envoyé du roi Henri III, quelques moments avant sa mort à Blois 23 décembre 1588.

Statuette antique terre-cuite, d'une admirable conservation et d'une finesse remarquable (provient de la galerie Pourtalès).

Laques anciens :

Grande boîte ronde, laque noir fleurs d'or.

Petite idem. laque idem.

Boite forme éventail laque noir fleurs d'or.

Boite oblongue laque d'or fleurs d'or.

Figurine chinoise, cristal de roche.

Trois écharpes, ancien tissu, ayant appartenu à un grand palatin de Lithuanie ; l'une d'elle à écaille d'or est extrêmement précieuse et rare.

Livres :

Deux volumes, Contes de Lafontaine, édition des fermiers-généraux.

Daphnis et Chloé, édition du Régent avec une dédicace à Mme de Nadaillac par Jules Janin en lui envoyant le volume.

Œuvres de Balzac, 7 volumes, Elzevir.

Simone, manuscrit d'Alf. de Musset, donné par l'auteur à la comtesse de Nadaillac.

Trente et quarante, manuscrit d'About, donné par l'auteur à la comtesse de Nadaillac.

Marielle, manuscrit par George Sand.

83 Mme DE NAYS.

2 Fauteuils.

Écran.

Porte-bouquet, 2 assiettes, Saxe.

2 assiettes Chine.

Peinture sur bois.

Tableau de famille.

84 M. O'QUIN.

10 volumes Elzévir.

L'office de la Semaine Sainte, petit in-8o chez Antoine Ruelle, relieur du Roi, Paris 1662, 1 vol. reliure au chiffre royal.

Thuani historiarum pars prima, in-folio, Parisiis in officina Roberti Stephani, 1604, 1 vol.

Fables choisies de Lafontaine, gravé, les figures par le sieur Fessard, graveur du Roi, le texte, par les sieurs Montuloy et Drouet, Paris chez l'auteur, 1765 à 1767.

Deux tableaux.

85 M. Peel-Round.

Plat, faïence Delft.
2 assettes, faïence Delft.
Pot, porcelaine St-Cloud.
Christ en bronze florentin sur panneau de velours.
Vitrail de l'Ascension.
Glace, bordure cuivre ciselé.
6 Cuillers en argent ciselé.
Plaque velours contenant cinq images d'argent.
2 autres plaques velours contenant chacune une image d'argent.
St-Joseph en étain repoussé.
Vierge en bronze.

86 M. Perraut.

Hercule, bronze.
Montre en argent.
Soupière et son couvercle, faïence.

87 M. le capitaine Pons.

Trois statuettes, bronze.
Trois statuettes, terre cuite.
Dix médailles, bronze.
Dix fruits fossiles.

88 M. LE CAPITAINE POTTIER.

Silex et poteries du département des Landes :

1 à 4 Tuc Bennaruc, commune de Pouillon.

5 à 19 Oppidum des rochers de Tercis.

20 à 39 Silex usés par le travail de l'oppidum des rochers de Tercis.

40 à 41 La Gravière, commune de Heugas.

42 à 51 Atelier du domaine des Granges, commune de Heugas.

52 Landes de Heugas.

53 à 55 Station du Paloumet ; commune de Areuly.

56 à 88 bis Station de Saussaye, commune de Tercis.

89 à 100 Fouilles faites dans les sources chaudes des Baignats et propriété Céris aux Baignats Dax.

101 à 108 Palafitte de Courrey braou (marais) de Tercis.

109 Commune de St-Pandelon.

110 à 111 Station de Bassère, commune de Tercis.

112 à 115 Commune de Narosse.

116 St-Vincent lès-Dax.

117 à 118 Landes de Seyresse.

119 à 121 Station de Maniou, commune de Seyresse.

122 Lande du Bouou, commune de St-Paul lès-Dax.

123 à 124 Moulié, commune de Dax.
125 à 127 Castéra de Poyartin.
128 Alicaou, commune de Dax.
129 Landes de Seyresse.
130 Castéra de Ayre-Gave.
131 Galets taillés, roche d'Aspremont (vallée du Gave) Peyrehorade.
131 bis Hippodrome de Dax.
132 Propriété Camiade, commune de Gaas.
133 Sanguinada, commune de Mimbaste.
134 Commune de Gaas.
135 Alicaou, commune de Dax.
136 à 139 bis Poterie de l'oppidum des roches de Tercis.
140 à 142 Poterie des cavernes à ossements et silex taillés de Sorde, vallée du Gave.
143 à 170 Silex taillés provenant des cavernes de Sorde.
171 Cavernes de Sorde.
172 Cavernes de Sorde.

Cinquante ossements, cornes, dents provenant des cavernes de Sorde.

89 M. Poydenot.

Vespasien. Médaillon antique, trouvé à Martres Tolosane (H.-G).

Reliquaire en cristal de roche.

Miniature encadrée, portrait de la duchesse de Coigny.

Portrait de la duchesse de Fleury.

Portrait de Lady Thomond O'Brien.

Portrait de Mlle de Conflans.

Tabatière en jaspe, montée en diamants et pierres précieuses.

Deux reliquaires du XVIe siècle.

Châtelaine, Louis XIV, en or, jaspes et pierres précieuses.

Sifflet, Dauphin en or pâle, rubis, ayant appartenu à Marguerite de Valois, sœur de François Ier.

Pistolet en or orné de perles.

Porte-crayon en or et émail orné de perles, Louis XVI.

Carnet en platine et or Louis XV.

Corbeille en or Louis XIV.

Flacon, buste de femme Louis XV.

Miniature.

3 tabatières.

Service à café en Sèvres venant de Louis XVI.

Canne de Louis XIV.

Des marques à jeu de Louis XIII.

91 Mme LA DOUAIRIÈRE RAM.

Livres d'heures du commencement du XVIe siècle.

Encensoir en bronze, trouvé dans un temple au Japon.

Portrait de Michaël Oniphrius.

Baron de Schwartzenberg et Hohenlansberg, à l'âge de 14 ans, peint sur cuivre en 1709.

Traversin et taie d'oreiller, broderie faite sur toile de Hollande en 1652.

92 M. RAULET.

Poids d'Orthez, 1515.
Poids de Toulouse.
Montre en cuivre.
Epée.
Couteaux de chasse.
Fers de lance.
Briquet.
Vertèbre d'animal fossile
Dent id. id.

93 M. PAUL RAYMOND.

Email de Limoges vers 1530, plaque de 0m111 sur 0m078. Au dos marque des Pénicaud.

Un personnage vêtu d'une robe noire grave sur une colonne de marbre, semée de larmes.

Un autre au brillant costume bleu clair coiffé d'une toque à plume, écrit sur le sable le mot LETICIA.

Les vers suivants sont inscrits sur deux banderoles :

Mesta quid eterno mansura in marmore scribis
Hec nè satis nostris fixa manent animis
Quid cineri et levibus res letas credis harenis
Leticie mens est rectius una capax

Après ces vers la signature P. I.

Monnaie d'or de Suintila, VIIe siècle.

Trois deniers d'argent béarnais.

Statuette antique en bronze, Mercure, trouvée à Mendousse en 1861.

Bracelet russe or et améthystes (1790).

Echiquier en os, XVe siècle, travaux d'Hercule.

Sceau matrice de la vallée d'Ossau.

Copie des peintures de l'église de Boeil, commencement du XVIe siècle.

Plat en Japon monté.

Pendule écaille et bronze doré et son socle Louis XVI.

94 Mme LA COMTESSE DE RAYNEVAL.

Coffret en cuir imprimé.

Email de Laudin.

2 Eventails.

Tableau, La Vierge, école Espagnole.

Vase étrusque.

Boîte écaille avec miniature.
Boîte argent couverte en émail, Louis XV.
Parure, or et camées.
Pendule Louis XIII avec socle.
Bahut, ébène, incrustations d'ivoire.

95 Mme Reyau de Jessaint.

L'Office de la Semaine Sainte, à l'usage de la maison du Roy, 1732, rel. aux armes de France.
Service à thé, Saxe.

96 Mme Rivarès.

Montre oignon.
2 plats ronds de Chine.
2 id. de faïence.
2 soupières de faïence.
Cachepot rond, faïence de Rouen.
Statuette de femme, faïence noire.
2 Barbes, points à l'aiguille.
Morceau de dentelle.
Pièce de satin brodée.
Id. de soie brochée.

97 Mme Roger.

Coffret persan.
Nécessaire en vernis Martin.

98 Mme LA BARONNE DE ROUILHAN.

Etui et bonbonnière, or cicelé, aux armes de Chéraute.

Pièce vieille guipure (haut. 70 cent.)

Idem (haut. 14 cent.)

L'hymen, émail du XVIIIe siècle, monté en broche par Froment-Meurice.

99. Mlle ROUSSILLE.

Bénitier en bois doré, avec une croix grecque en cuivre ciselé.

100 Mme DE SAINCTMARE.

Cabinet en ébène.
Cabinet en laque.
Guéridon.
Deux bronzes florentins.
Coffret d'ivoire.
Coffret vert, orné de miniatures.
Boîte à fard.
Bonbonnières.
Couteaux.
Emaux.
Miroir.
Lampe.

Encrier.
Bague avec portrait de Sully.
Flacon cristal.
Vieille boîte de laque.
Pièce de point d'Angleterre.
Quatre petits pots avec leurs couvercles.
Soupière avec son couvercle et son plat.
Trois plateaux porcelaine.
Plat porcelaine.
Croix en bois avec incrustations.
Paire de ciseaux.
Deux médaillons.
Bague.
Boîte avec peintures.
Couvre-pieds guipure.
Trois sucriers, vieux Saxe.
Tasse, vieux Saxe.
Pendule (coucou).

101 M. SAINT-MAUR.

Poids de Morlàas.
Médaille de Louis XVI.
Trois terres cuites de Pompéi.
Réduction de l'obélisque de Latran.
Tête de montagnard, par Devéria.

102 M. LE CURÉ DE SAINTE-MARIE D'OLORON.

Ornements brodés d'or et argent.

Fragment d'une broderie du XVe siècle ayant servi de modèle.

103 M. DE SALETTES.

Deux légumiers, argent.

104 Mme DE SALETTES.

Deux éventails.
Étui en vernis, Martin.

105 Mme VICTOR SAUBAT.

Grand plat, Rouen.
Plat, Japon.
Deux assiettes, dimension moyenne.
Deux petites assiettes.
Deux plats carrés, Chine.
Bouquetier, faïence.
Deux assiettes, faïence.
Id. dentelée.
Plat, faïence.

106 Mme DE SAULLES.

Mosaïque, chasse au sanglier.

107 Mme DE SEEGER.

Deux tableaux peints sur verre.

108 M. JOSEPH SEMPÉ.

Vierge cafre rapportée des côtes de Guinée.

109 Mme STORY.

Soupière, Saxe, gaufrée avec son plateau et son couvercle.

Deux sucriers, Saxe, gaufrés, plateaux et couvercles.

Petit pot au lait, Saxe.

Tasse et sa soucoupe, Saxe.

Flacon porcelaine à fleurs.

Miniature de Rosalba.

110 Mme S....

Coupe de Sèvres donnée par le duc d'Aumale à la marquise de Ribeyre de Villemont.

Tabatière, argent niellé.

Boîte d'ivoire peinte, les Sources du Danube.

Médaillon émaillé, Sainte-Famille.

Boîte à ouvrage en corne des Indes.

111 M. LE DOCTEUR TARRAS.

3 vases de pharmacie, Louis XVI.
Potiche faïence dessin chinois, Louis XIV.
Bouquetier à personnages, Moustier.
2 Cornets paysages, Delft.
2 Statuettes à l'Anglaise.
Fontaine complète à fleurs polychrômes, Nérac.
Grand vase carré camaïeu bleu, Rouen.
2 Plats ovales à fleurs, Nérac.
Grand plat rond armoirié, Moustier.
Plat ovale camaïeu bleu, Rouen.
Plaque paysage Louis XIV, Delft.
2 Assiettes à fleurs, Strasbourg,
4 id. id. Delft.
2 Plats ronds à fleurs.
Assiette aux armes de France.
2 Plats ronds, Delft.
Plat Moustier ornementé.
Soupière faïence Moustier, avec couvercle.
2 Plats longs faïence, Samadet.
id. plus petits id.
2 id. ronds, 1 grand Rouen et 1 petit, Moustier.
2 Assiettes faïence, Moustier.

112 SIR A. TAYLOR.

Encrier, Louis XV.

Appliques, Louis XV.

Table.

Paravent.

Une boîte en argent contenant une miniature du Prince Charles Edward le Prétendant.

Cette boîte (Patch Box), appartenait autrefois à la première femme du deuxième Duc d'Atholl, alors grand partisan de la famille Royale détronée. Il est devenu la propriété, par héritage, de Lady Taylor.

Deux lustres Louis XV, bronze doré.

113. M. Tricou.

Cartel en bronze doré, Louis XIV.

2 Flambeaux id. id.

2 Cassolettes.

Coupe du Caucase, niellée et dorée.

Hubert-Robert, Ruines.

2 Paysages de Van-Bloomen.

2 id. de Joseph Vernet.

2 id. de Patel.

Fragonard, Laveuse.

Michel et Schwebach, Paysages.

Largillière, Portrait.

Lefèvre id.

Arnold Boomen id.

Ecole espagnole id.

Ecole des Carache, Christ mort.

Breughel, Paysage.

114 LA BARONNE DE TRUBESSÉ

Porte-huiliers argent.
Aiguière et son plateau, argent.
Coffret ancien en paille.

115 M. VAN-DEN-HEUVEL.

3 volumes in-folio, musique ancienne.

116. Mme DE LA VILLEHÉLIO

Christ ivoire.

117 Mme DE VOULX.

Eventail.

www.ingramcontent.com/pod-product-compliance
Ingram Content Group UK Ltd.
Pitfield, Milton Keynes, MK11 3LW, UK
UKHW012105240726
13965UKWH00004B/1557

9 782013 058223